CE LIVRE

D'ÉQUITATION

APPARTIENT À

Kianna Soleil Davidson

MON LIVRE D'ÉQUITATION

Margret Hampe · Elke Stickeler

CHANTECLER

Table des matières

Monter à cheval: ton rêve.................10
Comment apprivoiser un cheval? 12
Ton premier équipement..................14
L'équipement de base du cheval 16
De la crinière aux sabots:
anatomie du cheval 17
Diriger et attacher 18
Les soins: le plaisir du pansage 20
Seller 22
Brider 23
Monter à cheval et en
descendre...................................24
La bonne position en selle 26
Tes aides 28
Premier cours d'équitation
à la longe 30
Tableau d'affichage en liège 31
La voltige: la gymnastique
équestre 32
Album photos 35
Le manège 36
Le chemin à suivre:
les figures d'école..........................38

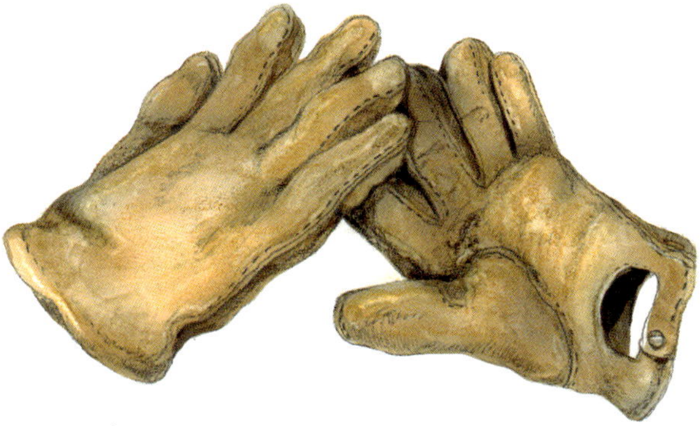

À toutes allures
- Le pas 41
- La parade et la stimulation 42
- Le trot..43
- Le galop 45

Un cours d'équitation 47
Tester une écurie 48
Ton programme d'entraînement 50
Après le cours d'équitation 51
Journal de ton cheval 53
Le saut 54
Ton parcours d'obstacles 58
Randonnée en pleine nature 59
Trucs et astuces d'équitation ..62
Insignes et concours 64
Quiz équestre 66

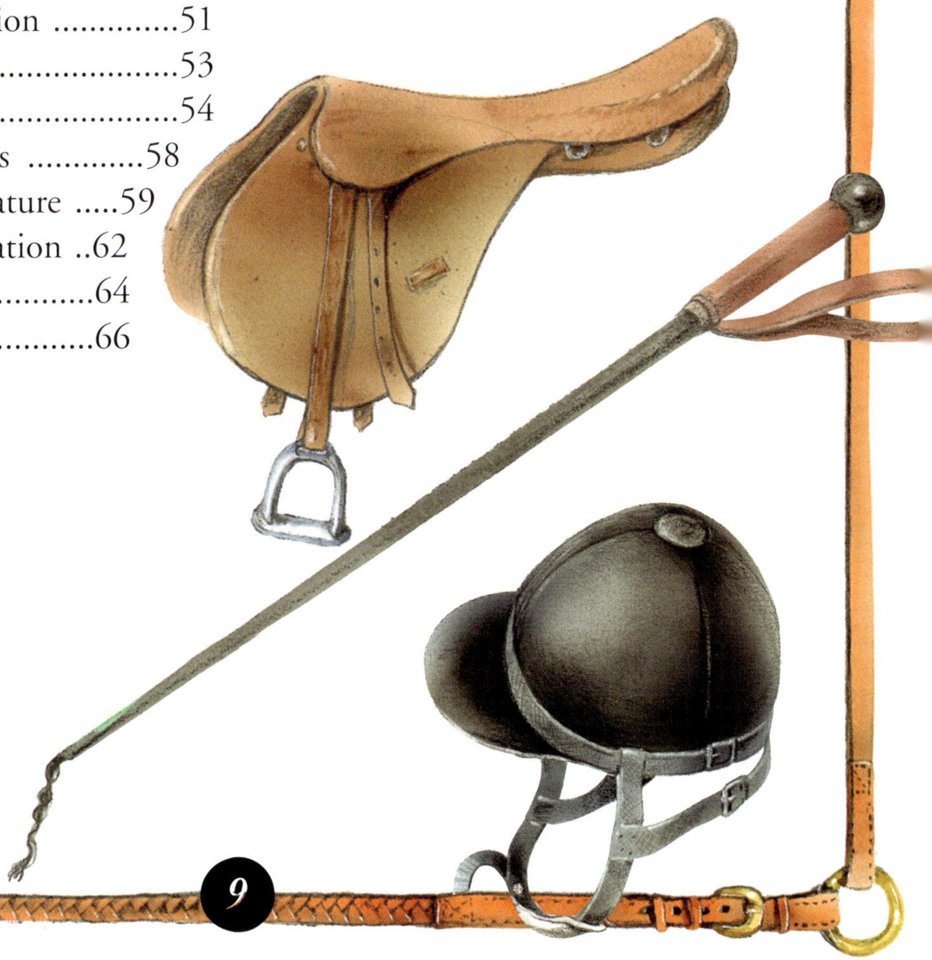

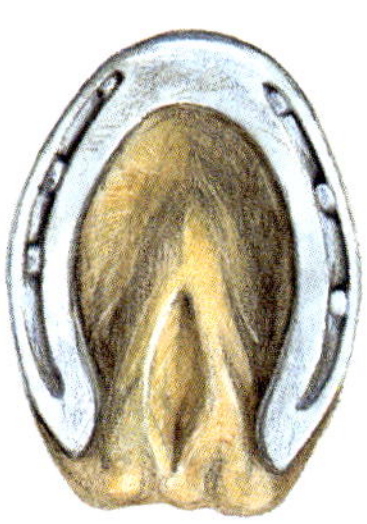

Monter à cheval: ton rêve

Ferme les yeux et imagine que tu montes à cheval.
Est-ce que tu rêves de te retrouver:

- dans un manège couvert;
- dans les pâturages;
- en forêt;
- le long de l'eau;
- dans un concours hippique;
- devant des sauts d'obstacles;
- seul(e) avec ton cheval;
- en randonnée avec un groupe?

Tu souhaites apprendre l'équitation pour réaliser ce rêve? Sache que tu t'engages dans un sport très particulier. Tu vas passer ton temps avec un animal qui éprouve des désirs, des sentiments, tout comme nous, les hommes.
Tu dois comprendre son comportement et répondre à ses besoins.
Il faudra que tu consacres beaucoup de temps à ton compagnon, non seulement pour appréhender son caractère, mais aussi pour le nourrir et le soigner correctement. Il est important que tu sois avec lui le plus souvent possible. Tu devras le monter régulièrement car un cheval a besoin de se défouler. Au tennis, quand l'entraînement est terminé, il suffit de ranger sa raquette. Quand on rentre un animal au box, il faut le nourrir et l'abreuver même si on n'en a pas envie.

Soyons clairs: apprendre à monter à cheval nécessite une certaine discipline, beaucoup de courage et une bonne dose d'efforts.
D'un autre côté, si tu t'engages réellement dans cette voie, tu te feras un ami sincère et fidèle. Quelle belle récompense, non?

Comment apprivoiser un cheval?

Les sens du cheval l'avertissent des éventuels dangers auxquels il échappe en prenant la fuite.

Il a des oreilles très sensibles qu'il fait pivoter à 180° dans un sens et dans l'autre. Des sons aigus peuvent l'effrayer tandis qu'une voix sourde et calme l'apaise. C'est pourquoi, avant d'entrer dans son box, parle à ta monture d'une voix douce afin de le rassurer. Appelle-le par son nom pour qu'il sente que tu as envie de t'occuper de lui.

Les yeux du cheval sont situés de part et d'autre de sa tête, ce qui lui permet d'embrasser d'un coup d'œil presque tout l'horizon, sans bouger. Si tu approches ton animal par le côté, il te voit bien et ne s'effraie pas.

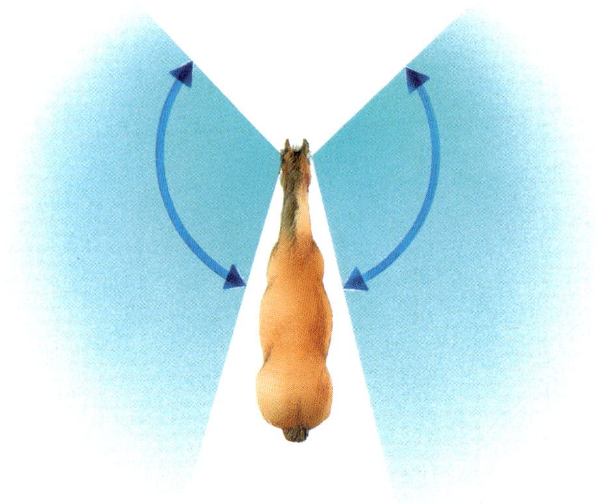

Angle visuel du cheval dont la tête est inclinée

L'odorat est également un sens important: le cheval utilise ses naseaux pour inspecter son environnement et identifier les hommes. Laisse-le faire tranquillement. Plus tard, il te reconnaîtra à ton odeur.

Le cheval flaire quelque chose d'intéressant: il relève la lèvre supérieure et inspire. On dit qu'il renifle.

Placement du licou

Le brossage (appelé également pansage) est un moment essentiel durant lequel le cavalier et sa monture font connaissance. Les chevaux adorent être brossés: ils considèrent le brossage comme un massage et l'apprécient presque autant que les séances de frottement qu'ils pratiquent entre congénères en pleine nature.

Pour brosser ton cheval, munis-le d'un licou. Passe-le-lui prudemment autour du cou et ensuite ferme les boucles. Un animal bien dressé reste calme pendant cette opération.

Ton premier équipement

Lorsque tu te lances dans l'équitation, tu dois disposer d'un équipement de base.

1. Bombe
Un casque de sécurité est absolument nécessaire: il t'évitera toute blessure à la tête en cas de chute. Ne monte jamais à cheval sans ta bombe!

2. Bottes
Les hautes bottes d'équitation préservent les chevilles et les tibias de toutes blessures. Pour commencer, n'hésite pas à acheter des bottes en caoutchouc moins coûteuses.

3. Culotte de cheval
Une culotte de cheval ne présente aucun pli et aucune couture gênante. Elle te protège des blessures et te procure un plus grand confort en selle.

4. Cravache

Pour faire avancer le cheval, tu as besoin d'une cravache. Une cravache de longueur moyenne (80 à 100 cm) est conseillée aux débutants.

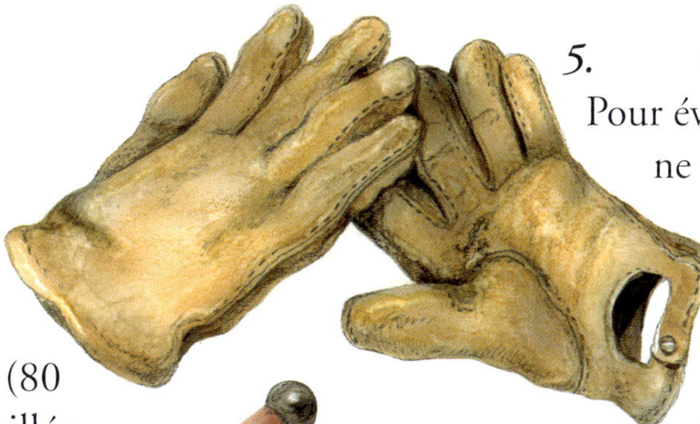

5. Gants

Pour éviter que les rênes ne te glissent entre les doigts, tu dois les tenir fermement. Sans gants, tu risques de voir se former de petites ampoules sur tes mains.

Pour débuter, utilise de vieux gants en cuir. Plus tard, tu t'achèteras de véritables gants d'équitation qui sont spécialement renforcés.

Tu peux peut-être te procurer des vêtements de seconde main, par ton école ou ton magasin d'équitation. Consulte également les petites annonces de ton journal quotidien.

Attention!
Tout cavalier doit absolument être vacciné contre le tétanos!
Demande à tes parents de vérifier ton carnet de vaccinations.

L'équipement de base du cheval

Dans tous les cas, l'équipement de base d'un cheval comprend: un licou, une corde et une couverture. Utilise le licou et la corde pour attacher et guider ton cheval. La couverture d'écurie protège l'animal du froid en hiver.

Licou avec corde

Licou anglais et licou d'Hanovre

Un cheval qui est monté porte un bridon, également appelé bride. Observe la photo en haut, à droite: elle montre les deux principaux types de bridons utilisés dans les manèges.

Le plus souvent, le cavalier s'assoit sur une selle dite à usage multiple qui convient au dressage, aux sauts et aux randonnées.

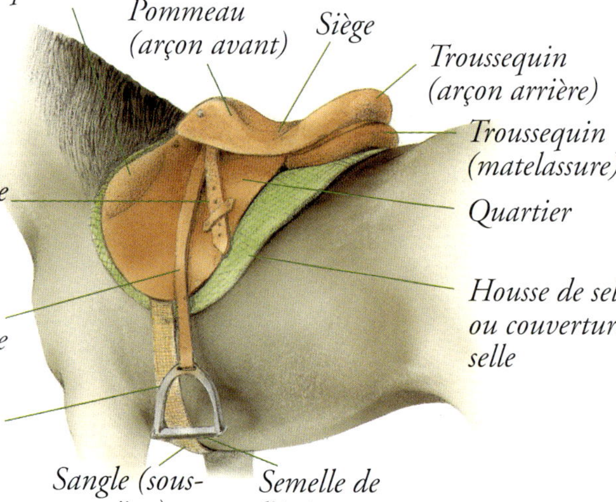

De la crinière aux sabots: anatomie du cheval

Chaque partie du corps d'un cheval porte un nom bien précis. Nous présentons ici les mots désignant les parties principales.
Un cheval femelle est une ***jument*** tandis qu'un mâle est un ***étalon***. Un ***hongre*** désigne un cheval castré.

Les ***poneys*** se différencient des chevaux par leur taille. La taille correspond à la distance entre le sol et le point le plus élevé sur le dos de l'animal. Cela s'appelle la ***taille au garrot***; elle est de 148 cm pour les poneys; au-delà, il s'agit de chevaux.

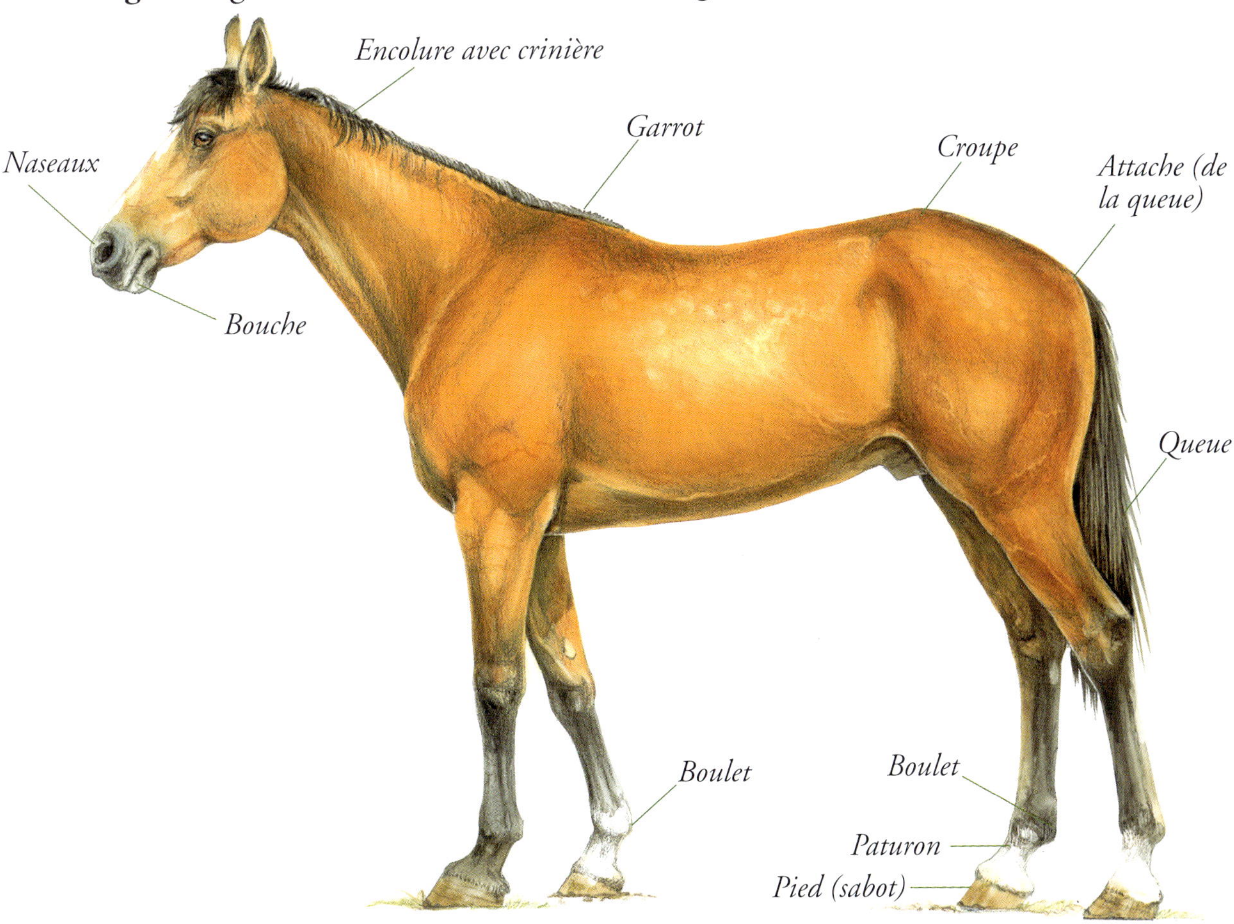

Diriger et attacher

Quand tu diriges un cheval, tu ne le mènes pas seulement d'un endroit à un autre: tu établis une relation avec lui. Dès lors, il faut être clair: celui qui dirige, c'est toi. Ton cheval doit sentir dès le début que tu es le chef.

Fais un nœud avec la longue extrémité et saisis-la avec la main droite.

Attention: N'enroule jamais la corde autour de ta main afin d'éviter que le cheval ne te blesse s'il vient à s'effrayer et à s'emballer!

Exerce-toi à guider ton cheval
Accroche la corde au licou (du côté gauche évidemment) et tiens-la ensuite de la main droite, à une largeur de main environ sous la tête du cheval.

Ne l'autorise jamais à marcher devant toi, et ne le laisse pas non plus traîner derrière toi. Reste sur sa gauche, à hauteur de sa tête. Si ton cheval est bien dressé, il te suivra sans problèmes.

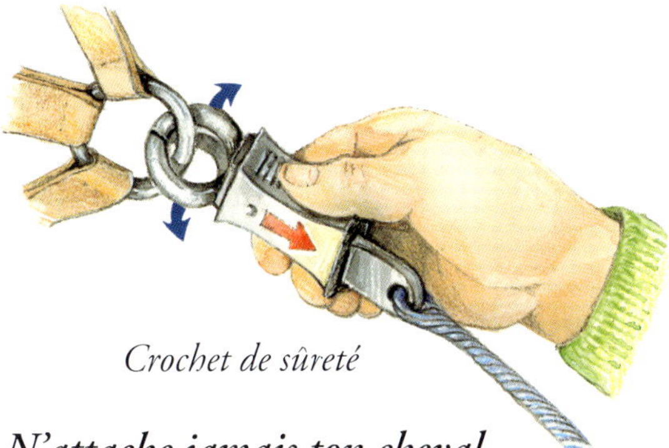

Crochet de sûreté

N'attache jamais ton cheval par les rênes

Les chevaux sont toujours attachés à l'aide d'une corde ou d'un licou. La solution qui se révèle la plus efficace consiste à utiliser une corde munie d'un crochet de sûreté. Il est facile d'ouvrir ce crochet en le faisant glisser vers le bas. On attache les chevaux en faisant un nœud spécial que l'animal ne peut défaire alors que l'homme y parvient aisément. Adresse-toi à un cavalier plus expérimenté que toi pour qu'il t'explique comment exécuter un bon nœud. Dans une écurie, il existe généralement des anneaux et des barres, placés à une hauteur comprise entre la tête et le poitrail des chevaux. Tu peux t'en servir pour attacher ton animal. Ne laisse pas pendre la corde de façon exagérée pour éviter que le cheval ne s'y empêtre et panique. Toutefois, elle ne doit pas être trop courte pour que l'animal dispose d'une certaine liberté de mouvement.

Nœud d'attache autour d'une barre

Nœud d'attache à un anneau

Corde d'attache trop courte

Corde d'attache trop longue

Les soins: le plaisir du pansage

Ton nécessaire de brossage

Tout d'abord, enlève le gros de la saleté au moyen d'une étrille en caoutchouc. Ensuite, prends la brosse de pansage dans une main et l'étrille métallique dans l'autre.

Donne calmement de longs coups de brosse dans le sens du poil, en commençant au niveau de la tête du cheval et en poursuivant le mouvement vers l'arrière du corps. Après chaque mouvement, frotte la brosse contre l'étrille. Lorsqu'une certaine quantité de poussière s'est accumulée sur l'étrille, tapote-la contre le sol.

Un seau et deux éponges
Frotte les yeux et les naseaux à l'aide d'une éponge douce. L'autre éponge sert à nettoyer le cheval sous la queue.

Crinière et queue
Passe la brosse dans la crinière. Entretiens la queue à la main: utilise tes doigts pour séparer précautionneusement les poils et enlever ainsi toute saleté.
Sois délicat car les poils de la queue s'arrachent très facilement et mettent un an à repousser.

Entretien des sabots
Pour le curage des sabots, place-toi à côté d'une des pattes du cheval en regardant en direction de sa queue. Caresse la patte de haut en bas, en prononçant le mot «pied» pour que l'animal lève son sabot.
Le sabot est très sensible. Par conséquent, utilise le cure-pied exclusivement le long du bord intérieur du fer à cheval. De cette manière, tu ne fais aucun mal à ton compagnon. Nettoie maintenant les lacunes d'arrière en avant (en partant du talon vers la pince).

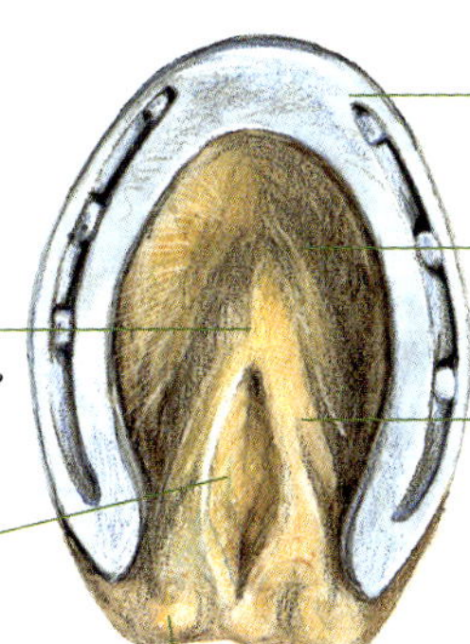

Seller

Place-toi à gauche de ton cheval, soulève la selle avec précaution et en douceur. Pose-la sur le dos dc ta monture, juste derrière le garrot.

Veille à toujours placer la selle dans le sens du poil du cheval.

En premier lieu, dépose la selle un peu en avant du garrot, puis ajuste-la en la faisant délicatement glisser vers l'arrière.

Attention!
Fais en sorte que la sangle ne vienne pas heurter les pattes du cheval!

Ensuite, laisse tomber la sangle de la selle du côté droit du cheval. Tout en restant du côté gauche de ta monture, tire la sangle sous le ventre du cheval et attache-la d'une manière lâche en utilisant les cordons.
Au moment de monter en selle, serre correctement la sangle.
Le cordon central est une attache de réserve au cas où l'un des deux cordons externes viendrait à céder.

Règle importante

Tant que tu n'es pas en selle, évite de laisser pendre les étriers. Ainsi, le jour où ta monture rentrera à l'écurie avec les étriers qui pendent le long des flancs, on saura tout de suite qu'il t'est arrivé quelque chose au cours de ta promenade. Si, par contre, les étriers sont relevés, on supposera que tu as mal attaché ton cheval lors d'une pause et qu'il en a profité pour faire un tour sans toi.

Brider

1. Passe les rênes par-dessus la tête de ton cheval en veillant à ce qu'elles ne se tordent pas. Place-toi à gauche de ta monture en regardant dans le même sens qu'elle.

2. Passe la main sous la tête du cheval et attrape la têtière.

3. Tiens le mors de la main gauche et glisse-le doucement dans la bouche du cheval.

4. Il ne te reste plus qu'à faire passer la têtière par-dessus les oreilles du cheval et à serrer les brides.

Monter à cheval et en descendre

Comment monter à cheval?
Tout d'abord, sangle la selle. Maintenant qu'elle est fermement serrée, ajuste les étriers à ta hauteur. Ton professeur d'équitation te montrera comment faire. Ensuite, tu pourras y arriver seul(e).

En selle maintenant: place-toi à gauche de ta monture en regardant en direction de sa queue. Prends les deux rênes dans la main gauche, la rêne de droite étant plus tendue que celle de gauche, et saisis le pommeau de la selle avec la même main.

De ta main droite, fais pivoter l'étrier. Présente-le face à toi, aussi loin que possible vers la droite afin d'y glisser ton pied gauche jusqu'au talon.

Attention! Veille à ne pas donner de coups de pied dans le ventre du cheval.

Descendre de cheval en toute sécurité
Prends les rênes de la main gauche et retire tes deux pieds des étriers. Penche ensuite ton buste vers l'avant et saisis le pommeau de la selle de la main droite. Lance énergiquement ta jambe droite en arrière, par-dessus le dos du cheval, pour retomber sur tes deux pieds du côté gauche de ta monture.

Monter à cheval

Passe maintenant ta main droite par-dessus la selle et attrape le quartier droit. Il s'agit de la partie de la selle qui pend le long du côté droit de l'animal.

Élance-toi en tirant sur tes bras et passe ta jambe droite par-dessus le cheval.

Assieds-toi sur la selle en douceur et avec délicatesse.

Il te suffit maintenant de mettre le pied droit dans l'étrier de droite et te voilà en selle!

Descendre de cheval

La bonne position en selle

Il n'est pas si facile de rester calme et droit en selle lorsque le cheval se déplace. Au début, tu glisseras un peu, de part et d'autre de ta monture.

En selle, essaie d'être aussi détendu(e) que possible en pensant simultanément à:

– maintenir le buste en arrière;
– garder la tête haute tout en fixant ton regard entre les oreilles du cheval;
– maintenir les épaules en arrière;
– serrer les coudes contre les hanches;
– serrer les genoux contre la selle;
– encadrer le cheval avec les jambes;
– diriger les pointes des pieds vers l'avant;
– pousser avec les talons vers le bas;
– rester assis(e) au fond du siège de la selle;
– laisser pendre tes jambes au maximum.

Quelles sont les erreurs de position commises par les cavaliers dans les images suivantes? Sur chaque image, entoure les placements incorrects. Les solutions se trouvent à la page 67.

Seul le cavalier assis correctement sur son cheval est à même de guider sa monture en toute sécurité et de contrôler le rythme de ses déplacements.

1

2

3

4

5

Tes aides

Un poney ou un cheval bien dressés savent réagir à certains signaux de leur cavalier.

Les «aides» constituent le langage qu'emploie le cavalier pour se faire comprendre de sa monture. L'utilisation et la combinaison correctes des aides nécessitent beaucoup d'heures d'entraînement. Il existe trois types d'aides:

Les aides accessoires (poids du corps)
En transférant ton poids sur le dos du cheval, tu exerces une influence sur ton compagnon.

Les aides inférieures (jambes)
Tu transmets également des signaux au cheval en exerçant une pression plus ou moins forte sur son corps à l'aide de tes jambes.

La position des genoux le long de la selle ne change pas. Il est important de ne pas enserrer exagérement le cheval avec les jambes, qui sont les seules aides inférieures.

Les aides supérieures (rênes)
Les rênes ne servent pas à se maintenir en selle!
Grâce aux rênes, tu es en contact direct avec la bouche du cheval, qui est une zone très sensible. Par conséquent, veille à ne pas faire de mouvements trop brusques avec tes mains. Si tu n'y parviens pas au début, tiens-toi plutôt au pommeau de la selle. Ainsi, tu ne risques pas de tirer démesurément sur la bouche de ta monture.

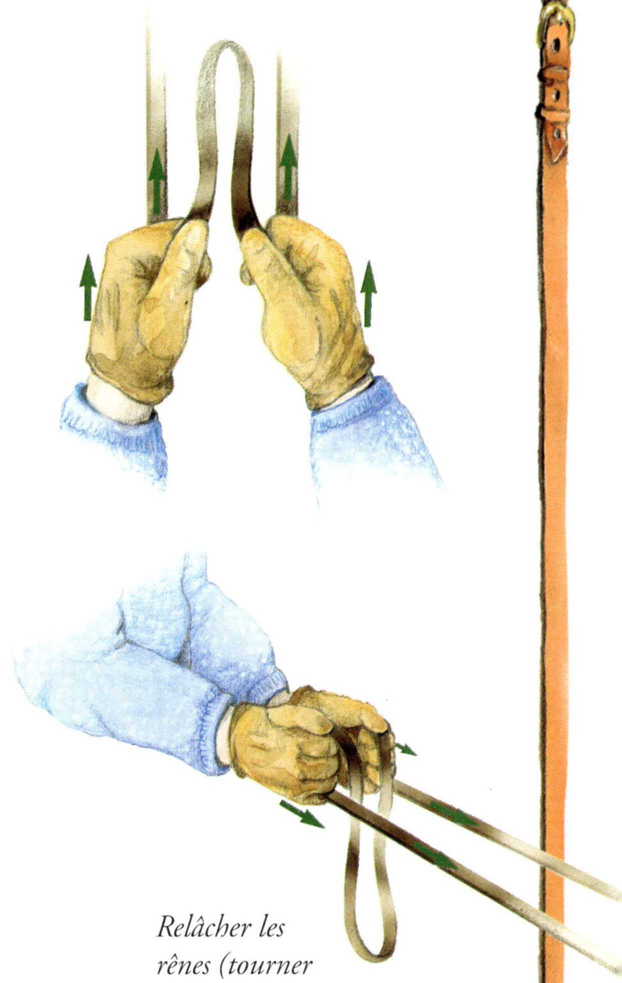

Resserrer les rênes (tourner les poignets vers l'intérieur)

Relâcher les rênes (tourner les poignets vers l'extérieur)

Tu fais réagir ton cheval soit en ***resserrant*** les rênes, soit en les ***relâchant***. Pour resserrer les rênes, tourne les poignets vers l'intérieur et pour les relâcher, tourne-les vers l'extérieur.

L'apprentissage de ce langage particulier nécessite beaucoup d'entraînement et une bonne dose de délicatesse. Ne te décourage pas: tu vas certainement progresser.

Premier cours d'équitation à la longe

Une bonne formation en équitation commence toujours par des exercices à la longe.

La longe est une corde d'environ 7 mètres de long dont une extrémité est attachée au cheval; le professeur d'équitation tient l'autre extrémité.

Si tu suis un cours d'équitation à la longe, tu bénéficies d'une formation individuelle: ton professeur se consacre uniquement à toi.

Le professeur se trouve au centre du cercle que trace le cheval lorsqu'il tourne en rond autour de lui. Le maître d'équitation tient la longe dans une main et une cravache dans l'autre.

Il guide le cheval au moyen de la longe et de la cravache. Tu as ainsi la possibilité de te concentrer exclusivement sur ton équilibre et ta position en selle.

Un cavalier monte seul à cheval dès qu'il est capable de garder l'équilibre. Cette étape est fondamentale dans l'apprentissage.

Tableau d'affichage en liège

Sur ce tableau, écris comment s'est déroulé ton premier cours d'équitation. Lorsque tu reliras ces notes plus tard, tu te rendras compte de tes progrès.

La voltige: la gymnastique équestre

Dans différentes écoles, les leçons commencent par un genre particulier d'équitation: la voltige.

Sangle de voltige

Pour les exercices de voltige, le cheval n'est pas sellé mais porte une sangle spéciale munie de deux poignées que le cavalier utilise pour se tenir. Le professeur d'équitation dirige le cheval à la longe et le fait avancer grâce à une cravache. Tu peux ainsi penser uniquement aux mouvements du cheval et à tes exercices.

Le cheval tourne en rond autour du professeur. Il est spécialement dressé pour ce genre d'exercices et doit être très patient. Grâce à la voltige, non seulement tu acquiers un bon équilibre, mais en outre tu apprends à connaître le comportement des chevaux. Après quelques séances, tu éprouveras beaucoup moins de difficultés à te maintenir en selle.

Voici les principaux exercices de voltige:

La position initiale

Tu es assis sur le cheval sans t'aider des mains. Redresse le buste tout en relevant la tête. Tends tes bras à hauteur des épaules.

Le fanion

Tu t'agenouilles sur le cheval. Tends la jambe droite ainsi que le bras gauche et relève la tête.

Le fanion

Le moulin

Lance ta jambe droite en avant, par-dessus le cou du cheval, pour la faire passer du côté gauche de ta monture (position intérieure); ensuite, fais basculer ta jambe gauche en arrière: tu te retrouves ainsi dans le sens contraire de la marche (position à l'envers). Si tu passes tes jambes l'une après l'autre par-dessus la croupe de ta monture, tu te retrouves à nouveau en position initiale.

Le moulin

Les ciseaux
Partant de la position initiale, sers-toi de tes deux jambes pour prendre de l'élan et penche le buste en avant. Tes jambes se croisent au-dessus du dos du cheval et tu te retrouves dans le sens contraire de la marche. Il suffit maintenant de changer les mains de position et d'exécuter une nouvelle fois les ciseaux pour revenir en position initiale.

Les ciseaux

Le saut de côté
Voyons comment réaliser une belle descente de cheval.

Assis(e) en position initiale, utilise tes jambes pour prendre un bon élan. Penche ton buste loin en avant, puis pousse fortement sur tes mains et lâche les poignées. Te voilà pied à terre, à côté de ton cheval.
Il existe de nombreux autres exercices. Tu peux aussi t'entraîner seul(e) avec ton cheval.

Le saut de côté

Si tu maîtrises les bases de la voltige, tu te verras peut-être décerner les insignes du petit fer à cheval et de la voltige.

Album photos

Colle ici des photos de toi
et de tes chevaux préférés.
Ajoute également des photos de
tes nouveaux copains et copines
avec lesquels tu as sympathisé à
l'écurie.

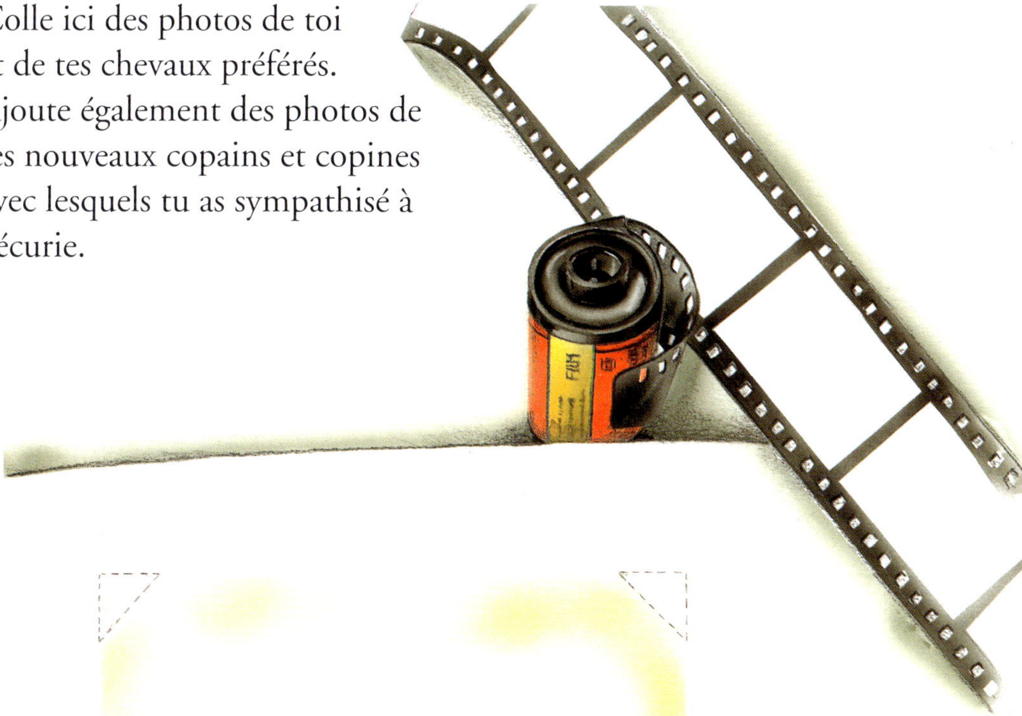

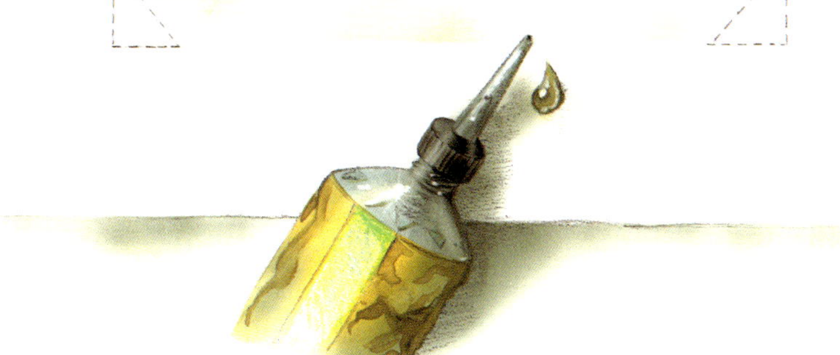

Le manège

La plupart du temps, les dimensions de la piste d'un manège sont de 20 x 40 mètres ou 20 x 60 mètres. Le manège est entouré d'une palissade en bois inclinée vers l'extérieur de la piste; ainsi le cavalier ne risque pas de se frotter les genoux ou les étriers lorsqu'il passe à proximité de cette palissade.

Des lettres comme points de repère
Dans chaque manège sont affichées des lettres placées à des endroits bien précis le long des lignes extérieures de la piste. Tu retrouveras ces mêmes lettres dans tous les manèges.
Elles te permettent d'effectuer correctement les figures imposées.
Pour retenir l'ordre des lettres, utilise le petit truc suivant:

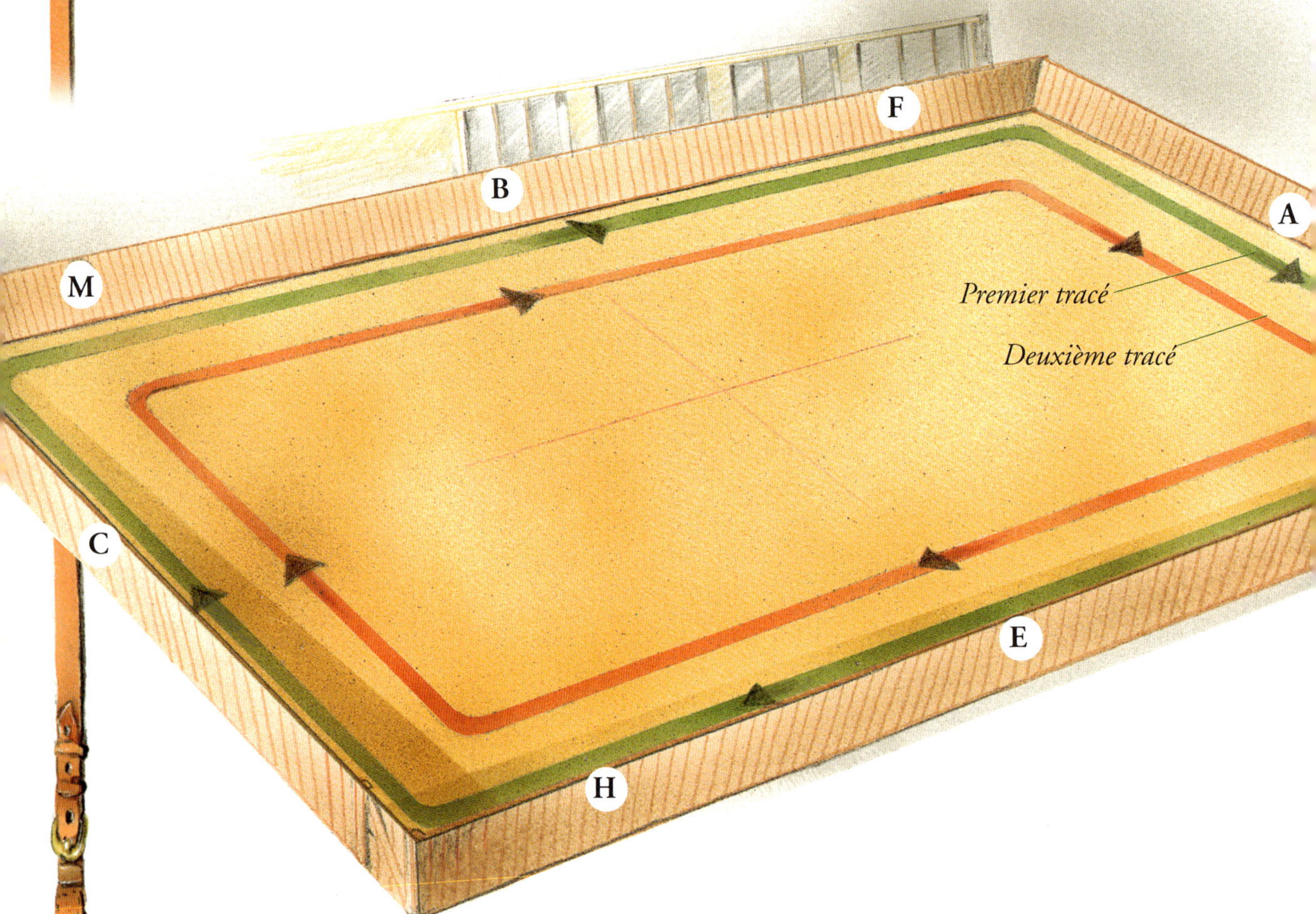

Allez Kamikaze, En selle, Hue! Cramponne-toi à ta Monture Bondissante et Farouche.
Tu peux inventer ton propre truc pour mémoriser l'ordre des lettres.
Le chemin à parcourir avec ton cheval longe la palissade et s'appelle ***tracé extérieur*** ou ***premier tracé.***
À 1 ou 2 mètres à l'intérieur de la piste se trouve le ***tracé intérieur*** ou ***deuxième tracé.***

Tu peux parcourir le tracé dans le sens des aiguilles d'une montre (vers la droite) ou dans le sens contraire (vers la gauche). Si ton profil droit est tourné vers l'intérieur de la piste, on dit dans le langage équestre que tu te trouves ***à main droite.*** Tu montes ***à main gauche*** quand ton profil gauche est tourné vers l'intérieur de la piste.

Il est essentiel que chacun respecte les règles suivantes:

• Lorsqu'un cavalier souhaite entrer dans le manège avec son cheval, il prévient les autres en criant: «libérez la porte, s.v.p.!». Les personnes présentes libèrent la porte et annoncent: «la porte est dégagée».

Le ou les cavaliers peuvent désormais pénétrer dans le manège en toute sécurité; le dernier d'entre eux ferme la porte. Les cavaliers se dirigent au centre de la piste pour monter en selle.

• Les dépassements se font toujours à l'intérieur de la piste, c'est-à-dire sur le deuxième tracé.

• Si des cavaliers montent à main droite et d'autres à main gauche et à même allure, ceux circulant à main droite sont prioritaires. Si les allures sont différentes, c'est le cavalier qui va le plus vite qui est prioritaire.

• Le cavalier qui effectue un tour complet de piste en suivant le premier tracé est prioritaire.

• Pour arrêter ton cheval, rends-toi au centre de la piste.

Le chemin à suivre: les figures d'école

Dans le manège, il existe des trajets bien déterminés que le cavalier et son cheval doivent respecter. En donnant des ordres précis, le professeur d'équitation annonce les figures de manège, appelées également figures d'école, que les élèves doivent exécuter.
Lorsque plusieurs apprentis cavaliers suivent ensemble le même cours d'équitation, on dit qu'ils montent à cheval ***en groupe,*** l'un derrière l'autre. Le premier cavalier mène le groupe et se doit de bien connaître les ordres afin de guider ses compagnons. Avant de devenir le numéro un du groupe, tu dois maîtriser les figures d'école.

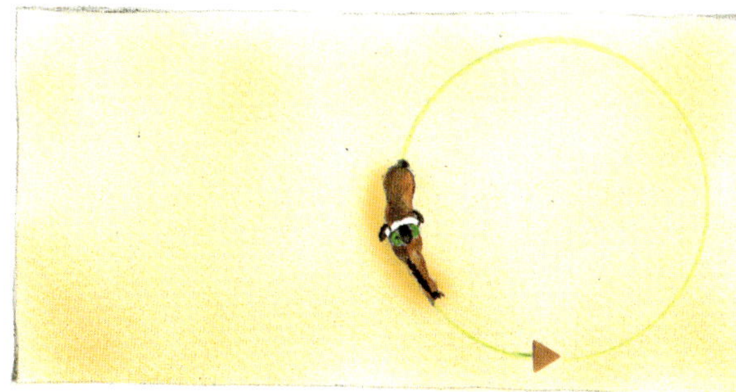

En cercle sur une demi-piste

Une moitié de piste

Un tour de piste complet

Règles au sein d'un manège:

- ***Laisse toujours la longueur d'un cheval entre toi et le cavalier qui te précède!***
- ***Marque les angles de la piste, sinon ta monture se contente de suivre le cheval qui la précède!***
- ***Reste concentré, quelle que soit ta position dans le groupe.***

Un huit (changement de cercle)

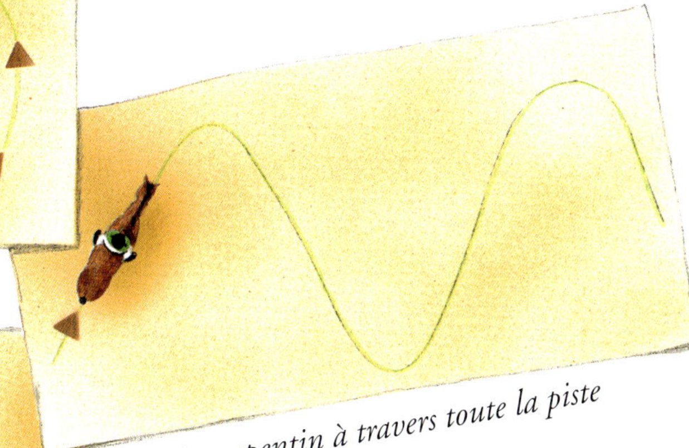

Un serpentin à travers toute la piste

Un demi-tour au coin suivant

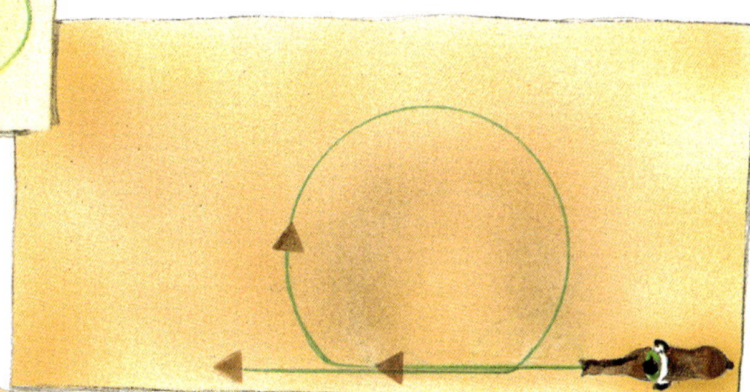

Une volte

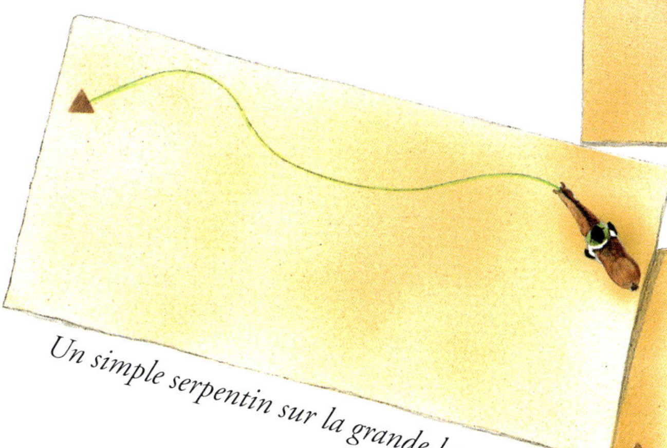

Un simple serpentin sur la grande longueur

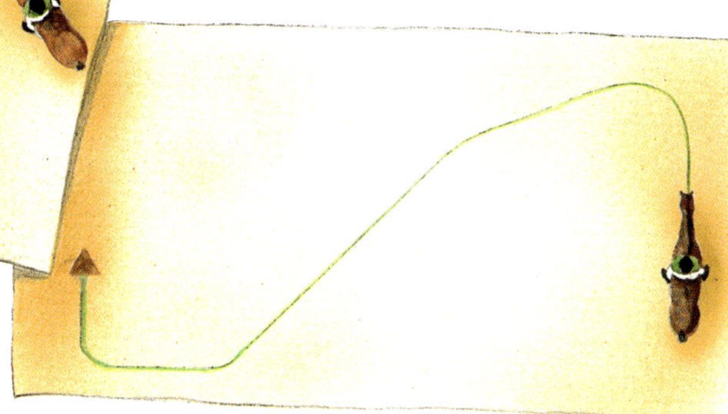

Une diagonale à travers toute la piste

Dans les cadres suivants, dessine les figures d'école:

Groupe: tour complet de piste

Groupe: demi-tour au coin suivant

Groupe: diagonale à travers toute la piste

Groupe: en cercle sur une demi-piste

Groupe: un huit (changement de cercle)

À toutes allures

Le pas

Le pas est l'allure la plus lente du cheval. Les membres se posent l'un après l'autre en diagonale: tout d'abord le membre antérieur droit, puis le postérieur gauche, le membre antérieur gauche et enfin le postérieur droit.

Le pas du cheval est une allure à quatre temps: tu entends très bien le rythme si tu montes sur un revêtement dur. Pour faire avancer ton cheval au pas, raidis les reins, serre les cuisses, puis relâche légèrement les rênes. Évite au maximum de bouger ton buste; seules tes hanches accompagnent le mouvement du cheval.

Ma position:

Est-ce que je me tiens droit en selle?
Mes genoux ne sont-ils pas remontés?
Est-ce que j'enserre le cheval avec mes jambes sans exagérer la pression?

Au début, tu devras constamment te rappeler ces instructions. Par la suite, lorsque tu te seras beaucoup entraîné(e), tu n'y penseras plus: cela deviendra naturel.

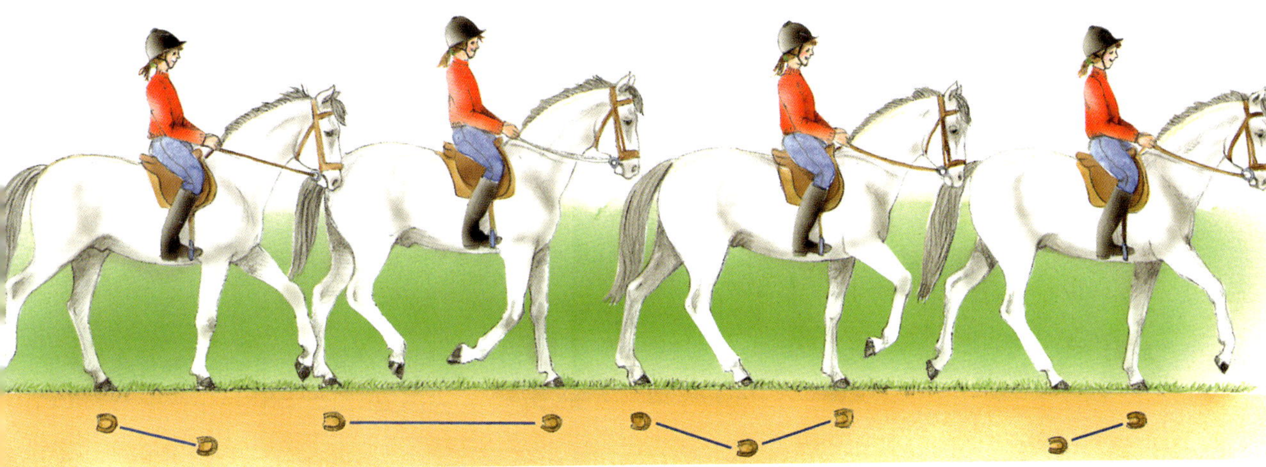

La parade et la stimulation

Ralentis le rythme du cheval en effectuant une demi-parade et mets ta monture à l'arrêt en exécutant une parade complète.

Pour exécuter une demi-parade, tu dois:
- te redresser, dos tendu;
- serrer légèrement tes deux jambes;
- resserrer les rênes, c'est-à-dire tourner légèrement les poignets vers l'intérieur.

Le cheval réduit alors l'allure: il ralentit.
Les demi-parades servent également à:
- changer d'allure;
- changer de direction;
- accélérer le rythme du cheval.

Ainsi, ton compagnon se tient prêt à exécuter ton prochain ordre.

Si la parade est plus ferme, on parle alors d'une parade complète. Le cheval s'arrête, quelle que soit son allure.

Stimulation

Pour que ton cheval accélère, tu dois le stimuler:
- en te redressant à nouveau et en raidissant le dos;
- en encadrant le corps du cheval avec tes jambes;
- en relâchant les rênes.

Position correcte des mains lors de la demi-parade

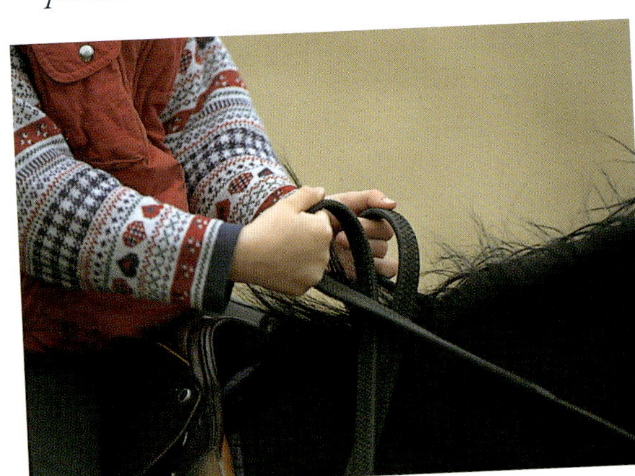

Position correcte des mains lors de la parade complète

Le trot

Le trot est un mouvement à deux temps. Les membres du cheval se déplacent suivant les diagonales, en d'autres termes les membres postérieur droit et antérieur gauche avancent simultanément, puis les membres postérieur gauche et antérieur droit.

Ce mouvement est caractérisé par une phase de suspension au cours de laquelle le cheval plane dans les airs (ses quatre pattes ne touchent plus le sol).

Le trot est l'allure la plus rapide après le galop. Les aides du trot et de l'approche sont identiques: raidis plus fortement les reins, effectue une demi-parade et pousse vigoureusement avec les cuisses vers l'avant. Dès l'instant où ton cheval effectue sa première battue, relâche les rênes.

Au début, le trot te paraîtra quelque peu désagréable; tu seras assez secoué(e) en selle. Pour y remédier, un seul truc: accompagne le mouvement du cheval de tes hanches et reste bien assis(e) en selle.
Veille à tenir les rênes de manière lâche: au besoin, accroche-toi et appuie-toi au pommeau de la selle.

Phase de suspension

Trot assis et trot enlevé
Le trot peut s'effectuer de deux manières: soit tu restes assis en selle (trot assis), soit tu te lèves de selle tous les deux temps (trot enlevé).

Pour le trot enlevé, tu peux compter à voix haute le rythme régulier du cheval: un - deux - un - deux, etc. Lorsque tu comptes «un», soulève-toi de quelques centimètres et à «deux» rassieds-toi en douceur. Tiens-toi bien droit en selle et raidis les reins.

Le trot enlevé sur le bon pied
Tu dois te lever de selle lorsque le cheval projette en avant son membre antérieur externe, c'est-à-dire le pied qui se trouve à l'extérieur, du côté de la palissade (ou du côté opposé à la longe).

Le cheval effectue simultanément un mouvement de l'épaule vers l'avant. Surveille bien ce mouvement afin de savoir quand tu dois te lever de selle et quand tu dois te rasseoir.

Si tu réalises un changement de main, tu dois effectuer en même temps un changement de pied: en ce sens, change de direction en restant assis pendant une ou trois battues (chiffre impair), puis lève-toi à nouveau et continue à trotter au même rythme. Après le changement de pied, vérifie que tu es en rythme en regardant l'épaule externe du cheval (qui doit être projetée en avant lorsque tu te lèves de selle).

Trot enlevé

Le galop

Le galop est une allure beaucoup plus agréable que le trot. À chaque saut, fais glisser ton postérieur vers l'avant de la selle (comme si tu allais essuyer la selle avec ton entre-jambes); tes hanches accompagnent le mouvement.

Le galop est l'allure la plus rapide du cheval. Il se caractérise par une succession de sauts qui s'effectuent en trois temps. Le membre antérieur gauche et le postérieur droit se déplacent, puis le postérieur gauche et le membre antérieur droit. Ton cheval peut se mettre à galoper au départ des deux autres allures que sont le pas et le trot.

Les aides

Avance légèrement la hanche qui se trouve à l'intérieur de la piste. La jambe intérieure repose contre la sangle tandis que la jambe extérieure est placée à une largeur de main derrière cette sangle. Raccourcis quelque peu les rênes. Raidis tes reins et pousse vigoureusement avec la cuisse de la jambe intérieure vers l'avant. Relâche ensuite la rêne interne et ton cheval se mettra à galoper.

Pour maintenir le cheval au galop, garde la cuisse de la jambe extérieure derrière la sangle et continue à pousser avec l'autre cuisse tout en raidissant les reins. Les rênes assurent la liaison avec la bouche du cheval et se plient au mouvement du cheval.

Phase de suspension

Galop droit et galop gauche
Il existe un galop droit et un galop gauche selon que les membres antérieur et postérieur de droite ou de gauche se trouvent plus en avant lors de l'appui. Pour savoir de quel galop il s'agit, base-toi sur les membres antérieurs.

Si tu montes à cheval en manège, veille à ce que le pied externe soit placé plus en avant. Tu seras ainsi sur le bon pied: galop droit à main droite, galop gauche à main gauche.

Galop externe et galop croisé
Le galop externe désigne un galop droit effectué à main gauche ou un galop gauche réalisé à main droite. Les cavaliers considèrent le galop externe comme une faute sauf dans le cas d'un exercice de dressage complexe. Si le mouvement est saccadé et irrégulier, c'est le signe que ton cheval est mal parti. Tu dois dans ce cas repasser à une allure de trot avant de relancer ton cheval au galop.
Un cheval peut également effectuer un galop gauche grâce aux membres antérieurs et un galop droit grâce aux membres postérieurs (ou vice versa). Cependant, ce mouvement n'est pas agréable pour le cavalier. Il est préférable de repasser immédiatement au trot avant de remettre le cheval au galop.

Galop droit

Un cours d'équitation

Le professeur d'équitation organise judicieusement son cours. Plus tu t'entraîneras, moins tu auras besoin de la surveillance d'un professeur pour effectuer les exercices.

Il est important de varier les exercices
Ne te contente pas d'effectuer tes exercices avec obstination. Veille à ce que ton cheval y prenne également du plaisir.

Échauffement
Tout comme chez l'homme, les muscles des chevaux doivent être progressivement échauffés en début de cours. Aussi, commence (et termine) toujours ton heure d'équitation au pas libre en allongeant et en relâchant les rênes.

À la fin du cours, laisse-le marcher librement au pas, en relâchant les rênes. Il peut ainsi se calmer et récupérer. Ne ramène pas à l'écurie un animal dégoulinant de sueur.

Sois patient(e)!
Veille à ne pas présumer des forces de ton cheval. Si tu ne parviens pas à effectuer correctement un exercice complexe, reviens à un exercice plus facile. Fais preuve de patience à l'égard de ton cheval et de toi-même!
Il est possible que tu ne réussisses plus un exercice parfaitement maîtrisé la veille. Les chevaux aussi connaissent de mauvais jours.

Tester une écurie

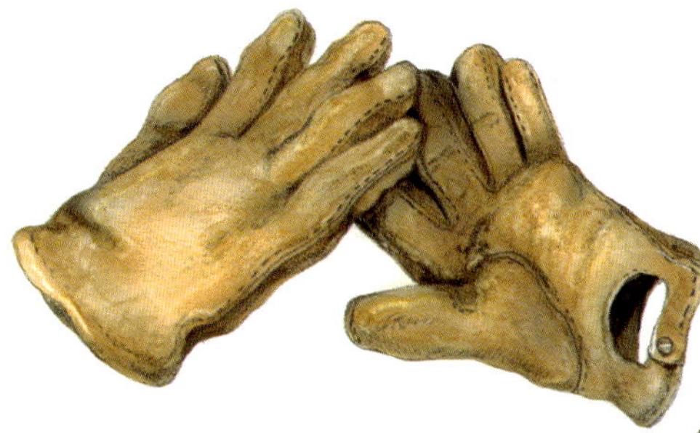

Passe ton écurie au crible en faisant preuve d'un esprit critique car l'apprentissage de l'équitation nécessite un bon professeur, des chevaux convenables, une bonne organisation. Les animaux doivent être bien soignés!

À vérifier

OUI NON

1. Les chevaux sont-ils logés dans de grandes écuries bien aérées?
2. Les box sont-ils propres et nettoyés quotidiennement?
3. Existe-t-il des pâturages pour les chevaux?
4. Les chevaux ont-ils l'air en bonne santé et bien nourris?
5. Les chevaux te donnent-ils l'impression d'être vifs, équilibrés et heureux?
6. Le local reservé aux selles est-il propre et bien rangé?
7. Chaque cheval a-t-il sa propre selle et son propre bridon?
8. Les élèves doivent-ils participer aux divers travaux d'écurie?

Question	OUI	NON
9. Y a-t-il plus de cinq élèves par groupe?		
10. L'écurie propose-t-elle également des cours de voltige?		
11. Les débutants suivent-ils leurs premières heures de cours à la longe?		
12. Ton professeur d'équitation, les autres élèves et le personnel travaillant à l'écurie te semblent-ils sympathiques?		
13. L'écurie propose-t-elle des cours de saut et des randonnées en pleine nature?		

La qualité de ton écurie est proportionnelle au nombre de OUI obtenu en réponse aux questions. Si tu réponds par un maximum de NON, cherche éventuellement une autre adresse.

Ton programme d'entraînement

Si, en plus de tes heures de cours, tu souhaites t'entraîner seul(e) avec ton cheval, il est préférable que tu établisses un plan d'entraînement pour les semaines à venir. Voici un exemple de programme.

Lundi	*Mardi*	*Mercredi*	*Jeudi*	*Vendredi*	*Samedi*	*Dimanche*
Mener le cheval au pâturage	*Cours d'équitation*	*Exercices de dressage*	*Randonnée en pleine nature*	*Manège*	*Cours de saut pour débutants*	*Randonnée en groupe*
Entretien de la selle	*Dressage*	*Exercice: rythmes*	*Rechercher un point d'eau*	*Obstacles de sol au pas et au trot*		*Exercice: galop en groupe*
		Exercice: parades	*Rechercher la compagnie d'un cheval calme dans l'écurie*	*Position enlevée au galop*		*Maintien du rythme*

Lundi	*Mardi*	*Mercredi*	*Jeudi*	*Vendredi*	*Samedi*	*Dimanche*

Après le cours d'équitation

N'oublie pas de flatter ton cheval
Tapote le cou de ton cheval et fais-lui des compliments. Place dans la paume de ta main des friandises spéciales telles qu'une carotte ou une pomme et tends-les-lui.

Passe correctement ton cheval au prochain cavalier
Si, à la fin de ton cours, ton cheval va être monté par un enfant du groupe suivant, place-toi au centre du manège avec ta monture et mets pied à terre. Le cavalier suivant appréciera que tu tiennes les rênes pendant qu'il monte en selle. Quitte ensuite le manège sans tarder.

Débrider

Essuie ton cheval avant de le ramener à l'écurie
Si tu ramènes ton cheval à l'écurie, prends soin de le sécher auparavant. Il te suffit ensuite de le desseller et de le débrider.

Débrider
Ouvre la muserolle et la sous-gorge et passe la têtière par-dessus les oreilles. En général, le cheval laisse spontanément tomber le mors de sa bouche. Passe-lui ensuite le licou. Retire les rênes et attache-le à l'endroit prévu à cet effet. Avant de remettre en place le bridon, nettoie le mors à l'eau froide.

Desseller

Desseller

Remonte tout d'abord les étriers et attache-les à l'étrivière interne. Ouvre ensuite la sangle du côté gauche et dépose-la prudemment par-dessus la selle. Tu peux maintenant retirer la selle en la posant sur ton bras gauche. Remets la selle en place dans le local prévu à cet effet.

Il ne te reste plus qu'à nettoyer les sabots et à bouchonner (sécher) le cheval s'il est encore légèrement couvert de sueur.
Après l'avoir complimenté et récompensé d'une pomme ou d'une carotte, prends congé de ton compagnon.

Journal de ton cheval

Dans le journal intime consacré à ton cheval, note les moments vécus lors des cours d'équitation, les difficultés rencontrées, ce qui marche déjà ou encore les comportements de ton compagnon.

De cette manière, tu peux suivre l'évolution de ton apprentissage tout en conservant de précieux souvenirs. En attendant d'avoir un journal bien rempli, commence dès à présent à noter tes impressions.

Le saut

Tous les chevaux peuvent apprendre à sauter car le saut fait partie de leurs dispositions naturelles.
Avant de te risquer au saut, tu dois être capable de te maintenir correctement en selle au galop et d'exécuter les principales figures d'école.
Pour le saut, raccourcis les étriers de deux ou trois ouvertures afin que ton pied dispose d'un bon appui.

Position de saut ou position enlevée
La principale différence par rapport à la position de dressage est que tu lèves ton postérieur de selle tout en penchant le buste vers l'avant. Tu dois toujours être en harmonie avec le mouvement du cheval.

L'image présente la position de saut correcte. Regarde-la attentivement. Tu remarques que le postérieur effleure la selle et n'est pas totalement relevé.

Les cuisses et les genoux sont fermement serrés contre la selle. Les mains sont placées de part et d'autre du cou, juste sous l'encolure du cheval, et permettent à l'animal de s'allonger de la tête au poitrail.

Le dos reste tendu et n'est en aucun cas courbé (il ne faut pas «faire le gros dos»). Garde la tête droite et regarde en avant entre les oreilles du cheval.

La position de saut au galop
Choisis tout d'abord le galop pour t'exercer à la position de saut. Si tu éprouves des difficultés d'équilibre, accroche-toi à la crinière et relâche-la lorsque tu es en position stable.

Passage au-dessus des barres
Dès que tu as plus d'assurance, pose de simples barres à même le sol, de manière transversale, par rapport au déplacement du cheval. La distance entre les barres dépend de la longueur des pas de ta monture. Pour un cheval de grande taille qui se déplace au pas, la distance est de 0,80 m; elle atteint 1,30 m s'il est au trot et 3,5 m s'il galope.
Le passage des barres ne constitue pas un saut à proprement parler. Le cheval se contente uniquement de franchir les barres en toute décontraction. C'est un bon exercice de préparation au saut pour le cavalier et sa monture. Il te permet de te mettre en position enlevée tout en te servant de tes mains pour lancer ton cheval en avant et le faire atterrir au bon moment.
Avant de recommencer l'exercice, remets à la bonne distance les barres qui ont été déplacées durant le passage précédent.

Cavaletti ou obstacles de sol
Il s'agit de barres posées sur de petits tréteaux en forme de croix et placées à une hauteur de 20 à 40 cm.
Tu peux franchir les cavaletti au pas, au trot ou au galop. Les distances entre les barres sont adaptées en fonction de l'allure du cheval.

Ma position

- Suis-je en harmonie avec les mouvements du cheval?
- Mon cheval peut-il suffisamment bouger la tête?
- Mes mains accompagnent-elles le mouvement en se dirigeant vers la bouche du cheval?
- Est-ce que je suis toujours relié à la bouche du cheval par les rênes?

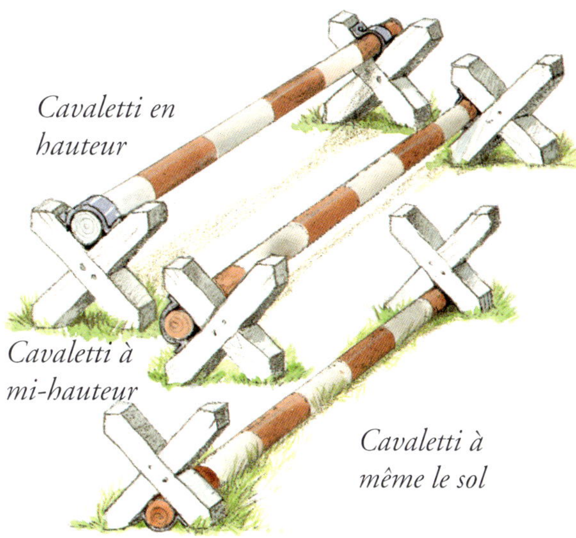

Des obstacles à plus grande hauteur

Le premier saut doit toujours être effectué au trot. À cet effet, place quelques barres devant l'obstacle en respectant les distances recommandées pour le trot.

En guise de premier obstacle, installe un cavaletti légèrement surélevé (20 cm de haut) devant lequel tu placeras une barre à même le sol. Le cheval éprouvera ainsi moins de difficultés à effectuer le saut.

Prépare-toi pour le petit saut: penche ton buste vers l'avant, accompagne le mouvement de ta monture en lançant tes mains en direction de sa bouche et veille à ce que tes jambes ne glissent pas en arrière.

Les divers obstacles

La plupart des obstacles se classent dans une des catégories suivantes:

1. Obstacles verticaux ou en hauteur

Ce groupe d'obstacles inclut les barres verticales, les haies, les murs, etc.

2. Obstacles en longueur

Font partie de ce groupe les fossés secs ou remplis d'eau.

Barres verticales *Mur*

3. Obstacles en hauteur et en longueur

Tu peux classer dans ce groupe l'oxer et la triple barre.

Ton parcours d'obstacles

Tu peux fabriquer tes propres obstacles en utilisant par exemple des planches, des tonneaux, de vieux pneus de voiture, des fûts vides, des bidons en plastique, des troncs d'arbre ou des ballots de paille.

Vérifie que:

– les matériaux ne présentent aucune arête vive ou des parties rouillées;
– les obstacles ont une largeur minimale de 3 m ou 4 m;
– l'avant de l'obstacle n'est pas plus haut que l'arrière.

Plus un obstacle est compact, plus le cheval osera le franchir. Fais donc en sorte que ton obstacle forme une masse concentrée. Si tu construis un obstacle au moyen de ballots de paille, veille à ce qu'ils soient bien fixés afin qu'ils ne se retrouvent pas entre les pattes de ta monture.

Tu peux construire tes propres obstacles.

Randonnée en pleine nature

Es-tu maintenant capable de trotter, de rester assis en selle et de galoper? Te sens-tu à l'aise sur ta monture au point de maîtriser des situations imprévues? Si c'est le cas, tu peux t'attendre à ce que ton professeur d'équitation te donne le feu vert pour une première randonnée à cheval, en pleine nature.

Rien n'est plus beau qu'une randonnée équestre entre amis. Le cheval apprécie ce genre d'escapade: ne t'étonne donc pas s'il saute de joie ou s'il tient absolument à galoper en tête.

Reconnaître les dangers

Lors d'une randonnée, tu dois toujours anticiper les menaces, non seulement pour toi mais également pour ton cheval. Une auto va-t-elle déboucher de cette sortie? Ce sac en plastique va-t-il s'envoler et effrayer l'animal?
Si tu perçois ces dangers à temps, tu peux réagir avec sang-froid.
Dès l'instant où tu montes en selle et jusqu'à ce que tu mettes pied à terre, montre-toi extrêmement attentif.

Préparation
Pour la randonnée, les étrivières sont raccourcies de une à deux ouvertures et la sangle est resserrée.
Pour de telles balades, ton cheval a besoin d'une plus grande mobilité de la tête qu'en manège. Laisse-lui la possibilité d'allonger l'encolure afin qu'il puisse trouver son équilibre et voir les obstacles qui se présentent à lui. Si le parcours est vallonné, allège son dos.

Pauses en cours de randonnée
Tu as repéré un joli petit coin de terre pour le pique-nique? Avant de te mettre à l'aise, prends soin de bien attacher ta monture et de desserrer la sangle. Les chevaux apprécient les endroits où ils peuvent se désaltérer.

Attention: plantes vénéneuses!
Il est préférable de ne pas laisser paître ton cheval le long de la route. De nombreuses plantes sont un poison pour l'estomac des chevaux.

Digitale pourprée vénéneuse

Sur le chemin du retour
Un quart d'heure au moins avant de rentrer à l'écurie, fais avancer le cheval au pas pour éviter qu'il ne rentre trempé de sueur.
Une fois à l'écurie, desselle-le et débride-le. Cure ses sabots. S'il est encore légèrement en sueur, bouchonne-le à l'aide de bouchons de paille. Les jours de froid, couvre-le d'une couverture chauffante.
Il est grand temps maintenant de lui offrir une friandise et de lui faire des compliments.

Principales règles que tu dois absolument respecter en randonnée:

1. Avance toujours au pas sur des chemins escarpés et rocailleux ou sur un terrain impraticable.
2. Le rythme est donné par le cavalier le plus débutant.
3. Si ton cheval est épuisé et halète, ralentis le rythme.
4. Le cheval doit avancer au pas lorsque tu croises des piétons.
5. Deux cavaliers, au plus, peuvent se déplacer de front.

Lors d'une sortie à cheval, il est parfois nécessaire d'emprunter la route.
Il convient dès lors de respecter les règles suivantes:

1. Emprunte toujours le côté droit de la chaussée lorsque tu es à cheval.
2. Les chevaux avancent exclusivement au pas et en file indienne.
3. Les mêmes règles que pour les cyclistes sont en vigueur: respecte les feux de signalisation et les panneaux de circulation et manifeste ton intention de tourner avec les bras.
4. À la tombée de la nuit, un éclairage est nécessaire: une lumière claire à l'avant et rouge à l'arrière.

Il existe des lumières pour bottes ainsi que des jambières lumineuses. Porte une veste réfléchissante.

Trucs et astuces d'équitation

Que faire lorsque...

... ton cheval courbe le dos?

Raccourcis les rênes afin qu'il ne puisse plus incliner la tête. Le cheval courbe le dos uniquement lorsqu'il peut l'arrondir et mettre la tête entre les pattes.

... ton cheval craint l'eau?

Patience! Habitue-le progressivement à l'eau en suivant un autre cheval qui ne craint pas l'élément liquide.

... ton cheval est très craintif?

Fais preuve de calme et de patience. Ne raccourcis pas trop les rênes, parle-lui calmement et mets-le en contact avec des chevaux plus calmes.

... ton cheval se cabre?

Pousse-le énergiquement vers l'avant. Il ne peut se cabrer qu'à l'arrêt.

... ton cheval n'est pas dans son assiette?

Vérifie sa nourriture, revois l'entraînement et contrôle son état de santé. Remédie au problème. Laisse le cheval courir en pleine nature avec ses congénères.

… ton cheval s'emballe?

Avant qu'il ne s'emporte, parle-lui calmement! Il ne doit jamais imposer le rythme. Sur le chemin du retour, évite de faire galoper un cheval qui a tendance à s'emballer facilement, surtout s'il veut rentrer à l'écurie.
Si l'animal s'est déjà emballé, serre les genoux contre la selle et effectue des demi-parades! Tourne en cercle en réduisant constamment le rayon jusqu'à ce que le cheval s'arrête.

… ta monture perd un fer à cheval?

Mets pied à terre, ramène-le à l'écurie, puis préviens le maréchal-ferrant.

… tu es surpris par un orage lors d'une sortie à cheval?

Descends de cheval, rassure l'animal et conduis-le par la bride. Évite les abris de haute taille et isolés tels que les arbres, les granges! Tiens-toi à l'écart de tout objet métallique.

… tu dois abreuver ton cheval à une source, un ruisseau ou un lac en cours de promenade?

Laisse-le boire à son aise.

Après la promenade?

Évite qu'il n'absorbe de trop grandes quantités d'eau; garde éventuellement le bridon pendant que l'animal boit. Donne-lui un peu de foin.

Insignes et concours

Le premier insigne d'équitation est le petit fer à cheval. Dans les bonnes écuries, il est possible de gagner cet insigne une fois par an en réussissant les exercices capitaux que sont la voltige et le dressage.

Lors de l'examen, tu dois démontrer que tu sais t'y prendre avec les chevaux: il faut prouver non seulement que tu es en mesure de soigner ta monture mais que tu es capable de monter à cheval et de mettre pied à terre. Tu dois présenter de simples figures d'école et démontrer que tu connais les règles du manège.
Le jury pose par ailleurs des questions portant sur le cheval. Si tu réussis l'examen, tu reçois un diplôme ainsi qu'un écusson vert que tu peux coudre sur tes habits d'équitation.

Le grand fer à cheval
Pour obtenir le grand fer à cheval, tu dois en plus démontrer que tu maîtrises les bases du saut. Tes capacités de dressage sont également testées. Si tu passes l'examen avec succès, tu es autorisé à porter l'écusson bordeaux et tu reçois le diplôme du grand fer à cheval.

Le passeport du cavalier
Si la randonnée est ta grande passion, tu peux également passer un examen pour tester tes connaissances et tes capacités en la matière. Tu dois répondre à des questions sur le comportement du cavalier en pleine nature. Les candidats font une sortie à cheval avec l'examinateur pour prouver qu'ils sont capables de maîtriser parfaitement leur monture en situation réelle. En cas de réussite, ils se voient délivrer le passeport du cavalier ainsi que l'épingle.

Les concours: une expérience particulière

L'envie de participer à un concours te démange-t-elle? Peu importe les résultats obtenus, c'est une expérience magnifique et l'ambiance est palpitante. Participer à un concours constitue le summum de l'équitation. Les enfants ont souvent la possibilité de s'inscrire à peu de frais. Ils éprouvent une immense joie à prendre part à des jeux équestres; plusieurs exercices permettent au cheval et au cavalier de montrer leur adresse et des courses sont organisées.

Renseigne-toi auprès de ton professeur sur les dates et les lieux des concours organisés à proximité de ton écurie. Les compétitions et les épreuves sont souvent mentionnées dans les revues équestres. Coche les concours auxquels tu souhaites prendre part.

Concours d'équitation classique:

❍ concours de dressage;
❍ concours de sauts d'obstacles;
❍ parcours de cross en pleine nature;
❍ jeux d'équipe (par exemple, le polo);
❍ épreuves en formation;
❍ jeux équestres.

Dans le tableau suivant, inscris les concours auxquels tu souhaites participer ainsi que l'entraînement à prévoir pour te préparer correctement aux épreuves.

Type d'épreuve	***Lieu, date***	***Ma préparation***

Quiz équestre

Que sais-tu sur l'équitation? Pour chaque question, une seule réponse est correcte. Essaie de trouver laquelle!

1. Qu'est-ce qu'une volte?
a) La volte permet de faire changer le cheval de direction.
b) La volte permet de faire tourner le cheval en cercle.
c) Le cheval forme un cercle de six pas de diamètre.

2. Quelle est la bonne position des pieds dans les étriers?
a) Les pieds doivent être maintenus aussi horizontalement que possible dans les étriers.
b) Le talon doit pousser vers le bas.
c) Le talon doit être relevé.

3. À quoi servent les rênes?
a) Elles servent de lien entre le cavalier et la bouche du cheval.
b) Elles stabilisent le cavalier.
c) Elles servent uniquement à diriger le cheval.

4. Pour le saut, les étriers:
a) sont allongés de deux ouvertures.
b) sont raccourcis de deux ouvertures.
c) restent à la même hauteur.

5. Qu'est-ce qu'une longe?
a) Un licou allongé.
b) Un obstacle de saut.
c) Une très longue corde servant à diriger le cheval.

6. Qui est prioritaire dans le manège?
a) Le cavalier qui tourne dans le sens des aiguilles d'une montre (vers la droite).
b) Le cavalier qui tourne dans le sens contraire des aiguilles d'une montre (vers la gauche).
c) Celui qui possède le passeport du cavalier.

7. Si plusieurs cavaliers se trouvent dans le manège, il faut s'arrêter sur:
a) le premier tracé.
b) le deuxième tracé.
c) le troisième tracé.

8. *L'examen pour l'obtention du petit fer à cheval porte sur:*
a) les capacités du cavalier.
b) les connaissances théoriques.
c) la faculté de monter à cheval, la relation avec les chevaux et les connaissances théoriques.

9. *Quelles allures faut-il maîtriser avant de faire une randonnée?*
a) Le pas et le trot.
b) Le pas et le galop.
c) Le pas, le trot et le galop.

10. *Pour se maintenir en selle, il est nécessaire de disposer:*
a) d'un bon équilibre.
b) de rênes résistantes.
c) de solides étriers.

11. *Quel nom porte le langage qu'utilise le cavalier pour communiquer avec son cheval?*
a) La cravache.
b) Les aides.
c) La récompense.

12. *Quelle figure d'école permet de dessiner un huit?*
a) Le changement de cercle.
b) La volte.
c) La diagonale à travers toute la piste.

13. *De quel côté faut-il monter à cheval?*
a) Du côté droit.
b) Du côté gauche.
c) Peu importe.

14. *Quelles sont les aides inférieures?*
a) Frapper le ventre du cheval avec la pointe des pieds.
b) Frapper les flancs du cheval avec les talons.
c) Serrer les cuisses contre le cheval.

Solutions des pages 66 et 67: 1c, 2b, 3a, 4b, 5c, 6a, 7c, 8c, 9c, 10a, 11b, 12a, 13b, 14c.

Solutions de la page 27:
1. Les genoux sont trop écartés.
2. Les talons sont trop relevés, le pied n'est pas assez enfoncé dans l'étrier.
3. Le cavalier n'est pas assis au fond du siège de la selle.
4. Le buste est trop penché en avant.
5. Les bras sont trop tendus vers l'avant.

Page de titre et arrière: Edgar Schöpal, Düsseldorf
Photos: **Reubgard-Tierfoto** (Heiligkeurzsteinach-Eiterbach): 10/11, 13 b, 66/67; les autres sont d'**Edgar Schöpal** (Düsseldorf).

Titre original: *Mein erstes Reitbuch* (Margret Hampe – Elke Stickeler)

Cette édition par: Chantecler, Belgique-France
Traduction française: F. Tourneur
D-MCMXCIX-0001-586
Imprimé dans l'UE